南京稀见文献丛刊

金陵旧事

（明）焦竑 撰

凤凰台记事

（明）马生龙 著

点校 罗晓翔

南京出版传媒集团

南京出版社

图书在版编目（CIP）数据

金陵旧事·凤凰台记事 /（明）焦竑撰；（明）马生龙著 . -- 南京：南京出版社，2021.4
（南京稀见文献丛刊）
ISBN 978-7-5533-3218-5

Ⅰ.①金… Ⅱ.①焦… ②马… Ⅲ.①地方文化—文化史—史料—南京—明代 Ⅳ.① K295.31

中国版本图书馆 CIP 数据核字（2021）第 047093 号

丛 书 名：南京稀见文献丛刊
书　　名：金陵旧事·凤凰台记事
作　　者：（明）焦竑 （明）马生龙
出版发行：南京出版传媒集团
　　　　　南 京 出 版 社
社址：南京市太平门街 53 号　　　　邮编：210016
网址：http://www.njcbs.cn　　　电子信箱：njcbs1988@163.com
联系电话：025-83283893、83283864（营销）　025-83112257（编务）

出 版 人：项晓宁
出 品 人：卢海鸣
责任编辑：杨传兵
装帧设计：王　俊
责任印制：杨福彬

排　　版：南京新华丰制版有限公司
印　　刷：南京工大印务有限公司
开　　本：890 毫米 × 1240 毫米　1/32
印　　张：2.75
字　　数：50 千
版　　次：2021 年 4 月第 1 版
印　　次：2021 年 4 月第 1 次印刷
书　　号：ISBN 978-7-5533-3218-5
定　　价：25.00 元

用微信或京东
APP扫码购书

用淘宝APP
扫码购书

总　序

　　南京是我国著名的七大古都之一，又是国务院首批公布的 24 座历史文化名城之一。有将近 2500 年的建城史，约 450 年的建都史，号称"六朝古都""十朝都会"。南京的地方文献是中华历史文化资源的一个重要组成部分，是研究我国政治、经济、军事、文化和民风民俗的重要资料。为了贯彻落实党的十九大精神和习近平新时代中国特色社会主义思想，配合南京的经济发展与城市建设，深度挖掘历史文化资源，做好历史文献整理出版工作，不仅有利于传承、弘扬南京历史文化，提升南京品位，扩大南京影响力，也有利于推动物质文明、政治文明、精神文明、社会文明、生态文明协调发展。

　　长期以来，南京地方文献还没有系统地整理出版过，大量的南京珍贵文献散落在全国各地的图书馆和民间。许多珍贵的南京文献被束之高阁，无人问津，有的随着岁月的流逝而湮没无闻。广大读者想要查找阅读这些散见的地方文献，费时费力，十分不便。为开发和利用好这一祖先留给我们的文化瑰宝，充分发挥其资治、存史、教化、育人功能，南京出版传媒集团(南京出版社)与南京市地方志编纂委员会办公室组织了一批专家和相关人员,致力于搜集整理出版南京历史上稀有的、珍贵的经典文献,并把"南京稀见文献丛刊"精心打造成古都南京的文化品牌和特色名片。为此,我们在内容定位上是全方位、多视角地展示南京文化的深层内涵和丰富魅力;在读者定位上是广大知识分子、各级党政干部以及具有中等以上文化程度的人;在价值定位上,丛书兼顾学术研究、知识普及这两者的价值。这套丛书的版本力求是国内最早最好的版本,点校者力求是南京地方文化方面的专家学者,在装帧设计印刷上也力求高质量。

　　总之,我们力图通过这套丛书的出版,扩大稀见文献的流传范围,让更多的读者能够阅读到这些文献;增加稀见文献的存世数量,保存稀见文献;提升稀见文献的地位,突显稀见文献所具有的正史史料所没有的价值。

"南京稀见文献丛刊"编委会

导　读

一

　　《金陵旧事》选自《焦氏笔乘续集》卷七、卷八，为明代著名学者焦竑所撰。

　　焦竑（1540—1620），字弱侯，号澹园，又号漪园，晚明南京著名的思想家、藏书家与文献考据学家。他出身于军户家庭，自幼业儒，背负着光耀门楣的使命。焦竑天资聪颖，十六岁入应天府学，二十四岁中举。此后八次会试落榜，直至万历十七年（1589）己丑科得中一甲第一名，授翰林院修撰，成为明代南京第一位状元。

　　焦竑一生著述甚丰，尤其可贵的是，这些著作在其生前就广为流传，极具影响。《焦氏笔乘》为焦竑读书札记，乃其长期养成的阅读习惯。早在万历八年，即有友人将其部分内容刊刻出版。焦竑入京供职翰林院后，阅读典籍更为方便，札记内容也不断丰富。可惜万历二十六年在他被贬至福宁州途中，手稿散佚大半。万历三十四年，焦竑门人谢与栋将存稿重新编纂，合此前所刊内容，成《焦氏笔乘》六卷、《焦氏笔乘续集》八卷。但《千顷堂藏书目》中著录《焦氏笔乘》六卷《续笔乘》八卷《笔乘别集》六卷，《明史·艺文志》

中亦著录《焦氏笔乘》二十卷。可见除《笔乘》《笔乘续集》外，还当有《笔乘别集》六卷，惜未能传世。

《焦氏笔乘》现存主要版本，一为明万历三十四年谢与栋刻本；二为道光三十年（1850）伍崇曜刻《粤雅堂丛书》本，《焦氏笔乘》及《续集》收入初编第一集；三为《金陵丛书》本，《焦氏笔乘》及《续集》分别收入于乙集第五、第六；此外民国时期商务印书馆编印的《丛书集成》《国学小丛书》亦有收入。不同版本之间存在少量文字差异。

《金陵旧事》分上下两部，后附人物表，主要摘录六朝、南唐、南宋时期与金陵相关的各类知识，内容繁杂。自山川形胜、人物事迹、典章名物、文史经籍、书画诗词、释道仙人、异闻奇谈无所不包，反映出焦竑读书与治学的博洽贯通。笔乘中并未一一标注出处，但不难发现摘引文献以笔记小说与史志两类为主。其中笔记小说包括南朝《世说新语》、唐代《酉阳杂俎》《隋唐嘉话》、宋代《南部新书》《梦溪笔谈》《孙公谈圃》《芥隐笔记》《清波杂志》等。史志则包括《宋书》《唐书》《建康实录》《南唐书》《太平寰宇记》《南朝宫苑记》《六朝事迹类编》《景定建康志》等。其余文献还包括类书、书画论、诗文集、释道人物传，如《太平御览》《初学记》《东观余论》《图画见闻志》《圣宋名画录》《玉台新咏》《古文苑》《三洞群仙录》《东林十八高贤传》等。

《焦氏笔乘》向来是研究焦竑心学、诸子学、文献学及史学思想的重要文献，而《金陵旧事》则进一步展现出作者对金陵历史地理及人文传统的深切关怀。这不仅是个人旨趣，也在一定程度上折射出明中后期南京士大夫的集体心态，具有强烈的时代特征。

《金陵旧事》中有关金陵山川、胜景、古迹的条目极多。除最为核心的青溪、秦淮、钟山、茅山外，还包括鸡鸣山、清凉山、覆舟山、三山、摄山、汤山、东山、莫愁湖、新林浦、潮沟、新亭、赏心亭、龙洞、越王台、谢公墩及寺刹道观等。这与当时盛行的雅游、选胜之风深为契合。焦竑在《金陵旧事》中两次提到谢公墩。一次论证谢安登临处当在冶城之北，一次考证王安石"我屋公墩"句乃其自城西北铁塔寺艐龙轩望谢安墩所作。而焦竑好友顾起元在《客座赘语》中也考证过谢公墩的具体位置。顾氏认为王安石"我屋公墩"句乃指城东半山寺之地，因其误将谢玄居处当作谢安登临处。可见这是南都士大夫共同关注的话题。此外，书中提到瓦官寺旧址在骁骑卫仓，"近诏毁私创庵院"，集庆庵僧人假瓦官寺名得幸免，"然与古迹毫无干涉也"。又言韩熙载墓当在聚宝门外雨花台，但年久不知其处。这些内容反映出与雅游相结合的访古、考古在士人文化生活中的意义。

金陵称六朝古都，地方人士对六朝历史自然格外关注。《金陵旧事》中摘录六朝人物史事最多，上部首条即记晋元帝时"星斗呈祥，金陵表庆"的天象。六朝时期南北分裂、政权变更频繁，后世文学书写也多渲染残烟衰草、千古遗恨的六朝意象。但六朝时期也见证了江南文学、艺术发展的高峰，这正是《金陵旧事》所侧重的一面。作为藏书家，焦竑特别关注六朝时期江南藏书、刻书情况，并记录重要的书法家、画家、诗人乃至手工匠人。其对王谢世家"衣冠之盛,为江左第一"的文化遗产也深感自豪。

焦竑身为心学领袖人物,强调儒释道三教通融,这也是其性命之学的根本。对宗教的兴趣,也反映在笔乘中。在一定程度上,这是晚明士人的普遍特征。明代南京为佛教中心,寺刹众多、僧侣群集。万历时期,南都士大夫与僧人交往频繁,甚至有"士大夫利与僧游,以成其为雅"的看法(钟惺:《善权和尚诗序》)。另一方面,这或许也受到了家庭的影响。焦竑曾言,其母"善病,厌药饵,喜祷祀,岁则四五举"(焦竑:《亡室朱赵两安人合葬墓志铭》)。其父晚年亦"弃人间事,味方外言,延诸比丘,向往西极"(汪道昆:《明故武毅将军飞骑卫焦公墓志铭》)。此外,书中还记有一些怪力乱神之事。这些内容在今人看来荒诞不经,但在当时却是士人津津乐道的话题,在笔记小说中相当常见。

《金陵旧事》虽为读书札记,却也是一种特殊形式的地方历史书写。书中很多条目在顾起元《客座赘语》、胡应麟《少室山房笔丛》、冯梦龙《古今概谈》以及清代南京地方志书中反复出现,不断型塑着南京的地方记忆。

二

《凤凰台记事》一卷,明代马生龙著。马生龙,明湖南人,生平无考。

全书搜集洪武年间逸闻野史二十五条,涉及南京城池修建、山川地理、制度沿革,及太祖、高皇后轶事。史料来源有二。一为摘录前人野史笔记。如书中记太祖微行至三山街,于一媪门前木榻歇息。知媪为苏人,便问张士诚在苏州何如。"媪曰:方大明皇帝起手时,张王自知非真命天子,全城归附,苏人不收兵戈之苦,至今感德。"太祖遂感叹苏民忠厚,恐京师百姓千万无此一妇。"迫洪武二十四年取富户实京师,多用苏人,盖亦始此。"苏州太仓陆容(1436—1497)《菽园杂记》、福建李默(1497—1558)《孤树裒谈》中均有此记载,语言表述亦十分相似。

又如记清凉门外舟樯:"太祖初渡江,御舟频危,得一樯以免,令树此樯于一舟而祭之,遂为常制。今在京城清凉门外,已逾百四十年矣。有司岁修祀,给一兵世守之。"该条内容亦出现于李默《孤树裒谈》及顾起元(1565—1628)《客座赘语》,而李、顾皆注出其出处为《野记》。《野记》为长洲祝允明(1460—1526)撰,成书于正德六年(1511),距明初恰"逾百四十年",故当为原创。这也为确定《凤凰台记事》成书年代的上限提供了一条线索。

书中另一些内容,则来自地方传说掌故,多属委巷之谈。如记高皇后足大,太祖戏之曰:"焉有妇人足大如此而贵为皇后乎?"高皇后答曰:"若无此足,安能镇定得天下?"后一条则记,元宵节张灯,太祖微行至聚宝门外,见民间一灯,绘大足妇人怀一西瓜。太祖揣其有"淮西妇人大足之讪",乃杀其九族三百余口,邻里俱发配充军。这两条掌故在明清野史笔记中多有出现,但成书年代皆晚于《凤凰台记事》。

又如记明初修筑城墙,以石灰秫汁筑其外,固若金汤。

宫中则暗挖阴沟，"直通土城之外，高丈二，阔八尺，足行一人一马，以备临祸潜出。可谓深思远虑矣"。这显然是靖难之役后，伴随建文帝下落之猜想而出现的一种传闻。最令人意外的是最后一条记朱元璋建大报恩寺事。大报恩寺为明成祖所建，今日已无争议。但这条记载却保留了另一种已被遗忘的民间记忆。此类内容尽管真实度不高，但对明代南京地方社会与文化研究颇具价值。

《凤凰台记事》收入明黄昌龄校勘《稗乘》。《稗乘》为明代小说丛书，未注编者。书中收录汉唐至明代野史笔记四十三种，共四十七卷，万历四十六年（1618）新安黄昌龄校勘。由此推测，《凤凰台记事》当成书于明代中期，作者马生龙极有可能是流寓南京的一位底层文人，出于对国初野史的兴趣辑录此书。

由于《凤凰台记事》篇幅过于短小，故在明代野史、笔记小说类文献中知名度不高。但其中收录的洪武年间掌故对后人仍具一定影响。崇祯末，嘉定人吕毖撰《明朝小史》，就大量收录了《凤凰台记事》的内容。

与此同时，该书也反映出明代中后期民间对开国皇帝朱元璋的认知与想象。一方面，朱元璋性格中的暴戾、严酷、多疑被大加渲染。如书中提到高皇帝在大中桥"闻一人言繁刑者，语近不逊"，即诛杀数千家。因疑民间张灯"有淮西妇人大足之讪"，即剿除一家九族三百余口。筑京城城墙时，发现墙砖之间石灰秫粥"稍杂泥壤，即筑筑城者于垣中"。整容匠杜某称将皇帝指甲屑奉藏于家，朱元璋却疑其有诈，派人登门查看。另一方面,朱元璋亦有体惜民情、通情达理之时。如命于钟山之阳植棕漆桐树以"省民供"。知监生历事诸司往返道远,即给赁驴钱。由此可见此类民间历史书写虚构下暗含真实,夸张中不实客观的特征。

罗晓翔

总目录

金陵旧事……………………………………………… 1

凤凰台记事………………………………………… 51

焦氏筆乘續集卷七

秣陵焦竑弱侯輯

金陵舊事上

金陵為斗分晉永嘉中歲星熒惑太白聚牛女之間識
者以為吳越之間當興王者是歲元帝登寶位故史臣
曰星斗呈祥金陵表慶

長短句中六州歌頭音節最為悲壯昨見王潛齋墊詠
金陵二闋讀之亦自爽然龍蟠虎踞今古帝王州水如
淮山似洛鳳來遊五雲浮宇宙無終極千載恨六朝事

焦氏筆乘續集 卷二

一

粵雅堂叢書

"粵雅堂叢書"本《金陵旧事》书影

秣陵焦竑弱侯輯

金陵舊事下

吳都賦橫塘查下邑屋隆夸（查古作反）長干延屬飛甍舛互

吳大帝時自江口沿淮築堤謂之橫塘北接柵塘蓋其

時夾淮立柵自石頭南上十里至查浦查浦上十里至

新亭新亭南上十里至孫林孫林南上十里至板橋查

浦卽查下也金陵鼎族聚居橫塘查浦間樓閣壯麗天

下莫比至趙宋猶然馬制使北祖詩如今何處是橫塘

焦氏華乘續 卷八 一 粤雅堂叢書

"粤雅堂丛书"本《金陵旧事》书影

鳳凰臺記事

著龍生馬

"丛书集成初编"本《凤凰台记事》书影

鳳凰臺記事 俱洪武中事

三湘馬生龍著

六朝舊城近覆舟山去秦淮五里至楊吳時改築
跨秦淮南北周廻二十五里　本朝益拓而東
盡鍾山之麓周廻九十六里立門十三南曰正
陽南之西曰通濟又西曰聚寶西南曰三山曰
石城北曰太平北之西曰神策曰金川曰鍾阜
東曰朝陽西曰清涼西之北曰定淮曰儀鳳後
塞鍾阜儀鳳二門其外城則因山控江周廻一
百八十里別爲十六門曰麒麟倦鶴姚坊高橋

一

南京稀见文献丛刊

金陵旧事

（明）焦竑 撰

点校　罗晓翔

南京出版传媒集团
南京出版社

目　录

金陵旧事上……………………………………………　5

金陵旧事下…………………………………………… 27

金陵人物表…………………………………………… 45

金陵旧事上

金陵为斗分①。晋永嘉中，岁星、荧惑、太白聚牛女之间，识者以为吴越之间当兴王者。是岁，元帝登宝位。故史臣曰："星斗呈祥，金陵表庆。"

长短句中，《六州歌头》音节最为悲壮。昨见王潜斋埜②《咏金陵》二阕，读之亦自爽然：

龙蟠虎踞，今古帝王州。水如淮，山似洛，凤来游，五云浮。宇宙无终极，千载恨，六朝事，同一梦，休更问，莫闲愁。风景悠悠，得似青溪曲，著我扁舟。对残烟衰草，满目是清秋。白鹭汀洲，夕阳收。　　黄旗紫盖，中兴运，钟王气，护金瓯。驻游跸，开行殿，夹朱楼，送华辀。万里长江险，集鸿雁，列貔貅。扫关河，清海岱，志应酬。机会何常？鹤唳风声处，天意人谋。臣今虽老，未遣壮心休，击楫中流。

句容县吴淥塘有半汤湖，湖水半冷半热，热可以瀹鸡。皆有鱼，发入辄死。今汤山下有汤泉，属上元。

齐永明九年，秣陵安明寺有古树，伐以为薪木，自然有"法大德"三字。

---

① 斗为二十八宿之一，《汉书·地理志》曰：吴地，斗分野。
② 王埜，号潜斋，浙江金华人，南宋词人、诗人、书法家。

晋时有徐景，于宣阳门外得一锦麝褋^①，至家开视，有虫如蝉，五色，后两足各缀一五铢钱。

南朝有姥善作笔，萧子云^②常书用，笔心用胎发。开元中笔匠名铁头，能莹管如玉，莫传其法。

句曲山五芝，求之者投金环二双于石间，勿顾念，必得矣。第一芝名龙仙，食之为太极仙；第二芝名参成，食之为太极大夫；第三芝名燕胎，食之为正一郎中；第四芝名夜光洞鼻，食之为太清左御史；第五芝名科玉，食之为三官真御史。

魏李骞、崔劼至梁同泰寺，主客王克、舍人贺季友及三僧迎门引接。至浮图中，佛旁有执板笔者，僧谓骞曰："此是尸头，专记人罪。"骞曰："便是僧之董狐^③。"复入二堂，佛前有铜钵，中燃灯，劼曰："可谓日月出矣，爝火不息。"

夜光芝，一株九实。实坠地如七寸镜，夜视如牛目。茅君种于句曲山。

胡综博物。孙权时掘得铜匣长二尺七寸，以琉璃为盖，

---

① 褋即毛织的带子，麝褋指可以贮麝香的褋。晋傅玄《西长安行》中有"何用存问妾？香褋双珠环"之句。

② 萧子云，齐高帝萧道成孙，豫章王萧嶷子，南朝梁书法家、文学家、史学家，"三萧"之一。

③ 董狐为春秋时晋国史官，后世以董狐比拟敢于秉笔直书者。

又一白玉如意,所执处皆刻龙虎及蝉形,莫能识其由。使人问综,综曰:"昔秦皇以金陵有天子气,平诸山阜。处处辄埋宝物,以当王气。此盖是乎?"以上八则出《酉阳杂俎》。

幸思顺,金陵老儒也。皇祐中,沽酒江州,人无贤愚,皆喜之。时劫江贼方炽,有一官人舣舟垆下,偶与思顺往来相善,思顺以酒十壶饷之。已而被劫,掠于蕲黄间。群盗饮此酒,惊曰:"此幸秀才酒耶?"官人识其意,即绐曰:"仆与幸秀才亲旧。"贼相顾叹曰:"吾侪何为劫幸老所亲哉!"敛所劫还之,且戒曰:"见幸慎勿言。"思顺年七十二,日行二百里,盛夏暴日中不渴,盖尝啖物而不饮水云。《东坡外集》[①]。

皇象书,人间殊少,惟建业有吴时《天发神谶碑》,若篆若隶,字势雄伟,相传乃象书也。张怀瓘目以沉着痛快,真得其笔势云。《东观余论》。今在应天府学。

御史刘焘,字无言,尝言金陵有唐高正臣书。本埋没圃中,其父宜翁令人发出立之,今易致。其字画殊有虞、褚法也。今在栖霞寺。

顷见江南后主错金书,题藏真书《千字》,曰:"戴叔伦诗

① 《东坡外集》成书于南宋,在宋、元、明诸家书目中未见著录,明万历时期发现于北京私家藏书中。万历三十六年(1608),巡盐御史康丕扬于扬州刊刻《重编东坡先生外集》八十六卷,焦竑为之序。

7

云：'诡形怪状翻合宜'，诚哉是言。今见藏真《自叙》，乃有叔伦全章。此卷真迹，岂亦江南集贤①所畜书乎？"

东晋兴宁二年，太岁甲子，上真司命紫虚元君南岳魏夫人，降丹阳之句曲山，以上清诸真经授弟子瑯琊王公府舍人杨君，使作隶字书，出以传护军长史父子。魏传青箓文所谓《起安启年经》，乃始传得道之子，当修玉文。《黄庭内景》乃其一也，亦名《琴川文》，又名《太帝金书》，又名《东华玉篇》。自杨、许仙去，大传于世。而积载既久，转写多误。如以尊为前，以通为遍，以胥为骨，以飞为绯，此例甚众。唯华阳《登真隐诀》所载，乃杨、许旧本，可以据依。今参雠众本，而以《隐诀》是正，庶几不失真语云。政和七年丁酉正月丙辰，云林子黄伯思于丹阳东斋书。

《图经》云："金陵者，洞墟之膏腴，句曲之地肺。其土肥良，故曰膏腴。水至则浮，故曰地肺。"

崔造、韩会、卢东美、张正则为友，皆侨居上元，好谈经济之略，以王佐自许，时人号为四夔。《南部新书》。

永贞二年三月，彩虹入润州大将张子良宅。初入浆瓮，水尽，入井饮之，后子良擒李锜，拜金吾，寻历方镇。

---

① 唐代设集贤殿书院，又称集贤院，掌刊辑经籍。

徐锴久次,当迁中书舍人。游简言当国,每抑之,曰:"以君才地,何止一中书舍人?然伯仲并居清要,恐物忌太盛,不如少迟之。"锴颇快快。简言徐出伎佐酒,所歌皆锴词。锴大喜,乃起谢曰:"丞相所言,乃锴意也。"铉闻之,叹曰:"弟痴绝,乃为数阕词,换却凤皇池乎?"陆务观《南唐书》。

徐锴处集贤,朱黄不去手,非暮不出。尝指其家曰:"吾直寄此耳。"少精小学,故所雠书尤审谛。江南藏书之盛为天下冠,锴力居多。

柴克宏未遇时,其母自表子可将。又言克宏有父风,苟不能任,孥戮无悔。元宗始用之,所向有功,官至奉化军节度使。

刁衎事后主为集贤校理,以文翰见知。淳淡夷粹,恬于仕进,暇日鼓琴围棋,不交人事。孙约亦名士,久在三馆,晚筑室润州,号藏春坞。王安石、苏轼皆尊爱之。

史虚白与韩熙载归江南,宋齐丘方柄用,虚白曰:"彼可取而代也。"齐丘不平,欲穷其技能,召与宴饮,设倡乐、弈棋、博戏。酒数行,杂出书、檄、诗、赋、碑、颂,使制之。虚白方半醉,命数人执纸口占,笔不停辍。俄而众篇悉就,词采磊落,坐客惊服。

金陵睦昭符,刺史常州,为政宽简,甚得民心。一日,坐厅事,雷雨猝至,电光如金蛇匝案,吏卒震仆。昭符抚案叱之,雷电遽散。举案得铁索,重百斤。昭符神色自若,徐命举索纳库中。

李建勋以司空致仕,赐号钟山公。营别墅山中,放意水石。或谓之曰:"公未老也,而遽为此,岂欲复为九华先生邪?"建勋曰:"吾平生笑宋公轻出处,何至效之? 自知来日无多,欲求数年闲适尔。"

宋齐丘当国,深忌同列,少所推逊,然独称建勋,曰:"李相清谈,不待润色,自成文章。"

冯延鲁锐进,而喜言高退。尝早朝,集漏舍,叹曰:"玄宗赐贺监镜湖三百里,非所敢望。得玄武湖,足畅平生矣。"徐铉笑曰:"上礼贤如不及,讵借一湖? 恨时无知章耳。"延鲁惭,不能对。

江南后主造澄心堂纸,甚为贵重。宋初,纸犹有存者。欧公曾以二轴赠梅圣俞。梅以诗谢曰:"江南李氏有国日,百金不许市一枚。当时国破何所有? 帑藏空竭生莓苔。但存图书及此纸,弃置大屋墙角堆。幅狭不堪作诏命,聊备粗使供鸾台。"相传《淳化阁帖》皆此纸所拓,欧公《五代史》亦用此属草。

江令宅在秦淮上，今尚书顾华玉[1]所居，云是其处。刘禹锡有诗："南朝词臣北朝客，归来惟见秦淮碧。池台竹树三亩余，至今人道江淹宅。"

《金陵词》是台城妓作："宫中细草香红湿，宫内纤腰碧窗泣。唯有虹梁春燕雏，犹傍珠帘玉钩立。"

《丹阳记》云："江宁县南三十里有慈母山，积石临江，生箫管竹。自伶伦采竹嶰谷，其后唯此簳见珍。故历代常给乐府，俗呼鼓吹山。今慈湖戍常禁采之。王褒《洞箫赋》即称此也。其竹圆致，异于众处。"

朱遵度本青州书生，好藏书，隐居不仕。保大中，卜筑金陵，著《鸿渐学记》一千卷，《群书丽藻》一千卷，《漆经》数卷，皆行于世。

韩熙载墓在今聚宝门外雨花台，年久不知其处。初，熙载得罪南迁，上表云："无横草之功可裨于国，有滔天之过自累其身。老妻伏枕以呻吟，稚子环床而坐泣。三千里外，送孤客以何之？一叶舟中，泛病身而前去。"后主览而悲之，遂免南行。寻卧疾，终于城南戚家山，赐衾裯以敛，赠平章事。所司谓无赠宰相例，后主曰："当自我始。"徐铉祭文有云："黔娄

---

[1] 顾璘（1476—1545），字华玉，明政治家、文学家，与陈沂、王韦、朱应登并称"金陵四家"。

之衮,赐从御府;季子之印,佩入泉扃。"指此。

纪瞻字思远,丹阳秣陵人,才兼文武,朝廷称其忠亮雅正。明帝一日引于广室,慨然言:"社稷之臣,欲无复十人如何?"因屈指曰:"君便其一。"瞻拟议,辞避。帝曰:"方与君善语,复何事谦挹?"

江宁县寺有晋长明灯,岁久火色变青而不热。隋文帝平陈,已讶其古,至今犹存。《隋唐嘉话》。

王右军《告誓文》,今之所传,即其稿草,不具年月日朔。其真本云"维永和十年三月癸卯朔,九日辛亥",而书亦真小。开元初年,润州江宁县瓦官寺修讲堂,匠人于鸱吻内竹筒中得之,与一沙门。至八年,县丞李延业求得,以献岐王,便留不出。十二年,王家火,图书悉为煨烬,此书亦见焚云。

沈瑀,武康人,善吏事,尝役民,速而无怨。开湖熟县方山埭,筑赤山塘,所费减材官所量数十万。瑀,永泰为建德令。

思陵车驾巡师建康,诏以防秋在近,令侍从职事官各条其利害,实可施行者闻奏。郎官张虞卿所陈最善,其略曰:"臣尝历考前世战争之际,魏军尝至瓜步矣,石季龙掠骑尝至历阳矣,石勒寇豫州,至江而还。此皆限于江而不得骋者也。然江出岷山,跨郡十数,备之不至,一处得渡,皆为我忧。使吾斥堞既明，屯戍唯谨，士气振而人心固矣，恃长江为阻可也，虽无长江亦可也。苻坚百万之众，马未及一饮江水，谢玄以八千锐卒破之于淝水，岂非其效也欤？不然，王濬以奇兵八百泛舟渡，吴人有'北来诸军，乃飞过江'诸语；韩擒虎以五百人宵济采石，守者皆醉，遂袭取之。由是观之，徒恃江而人不足与守，难以济矣。曹操初得荆州，议者谓东南大势，可以拒操者，长江也。操既得荆州，蒙冲战舰，浮江而下，则长江之险，已与我共之矣。独周瑜谓舍鞍马，仗舟楫，非彼所长。赤壁之役，果有成功。至羊祜则以南人所长惟在水战，一入其境，长江非复所用。他日成功，略如祜策。故臣以谓无如瑜者为用，则祜之言不可不察也。说者谓虏以马为强，而江流迅急，渡马为难，虏便于作筏，而江流迅急，非筏能济，是未知侯景以马数百，一夕而渡；王濬自上流来，尝用大筏也。州县有最为要害者，津渡有最宜备豫者。苻坚自项城来寿阳，侯景自寿阳移历阳，孙恩自广陵趋石头，王敦渡河格，苏峻济横江，侯景渡采石，考前世盗贼与南北用兵，由寿阳、历阳来者，十之七，由横江、采石渡者十之二。至于据上流之势，以窥江左者，尚未论也。"文多不载。

江南府库中，书画至多，其印记有"建业文房之印""内合同印""集贤殿书院印"，以墨印之，谓之金图书，言惟此印以黄金为之。诸书画中，时有李后主题跋，然未尝题书画人姓名。唯钟隐画，皆后主亲笔题"钟隐笔"三字。后主善画，尤工翎毛。或言凡书"钟隐笔"者，皆后主自画。后主尝自号"钟山隐士"，故晦其名，谓之钟隐，非姓钟人也。今世传钟画，但无后主亲题者，皆非也。沈存中《笔谈》。

山谦之《南徐州记》曰："延陵县南有茆山，汉元帝时咸阳人茅盈及弟固得道之处。"

《异苑》曰："丹阳湖侧有梅姑庙。生时有道术，能着履行水上；夫婿怒杀之，投尸水中，乃流至庙处，即时有方头漆棺在祠下。晦望之日，时见水雾中有形。庙左右不敢取鱼射猎。"

刘虚白，金陵人，善三辅学堂①，只相两府，见曾子固曰："乞儿也。"陈执中为抚州通判，使者将劾之，虚白曰："无患，公当作宰相。"使者果被召，半道而去。王益知韶州，自期必至公辅。韶有张九龄庙，相传两府过，虽赤日亦雨。王过，雨作，尤自负。还金陵，盛服见虚白，曰："何时入两府？"虚白笑曰："只可作都官。"益大怒，欲危以事。时茶禁严，闻虚白自南来，令人伺察。一郡将庇之，获免。虚白竟以他事杖脊，而益果终都官郎中。

米芾有洁疾，方择婿，闻建康段拂字去尘，芾释之曰："既拂矣，又去尘，真吾婿也。"以女妻之。

---

① 即相面术。

谢安石墓在雨花台畔梅子冈，后迁葬长兴九鸦冈，子孙因有居其地者。谢以文学世其家，有集。安石而下，历宋、齐、梁、陈，凡十有六人，诗三百四十余篇，为《谢氏兰玉集》十卷，吴兴汪闻为序。

东坡云：金陵艾宣画翎毛花竹，为近岁之冠。既老，笔迹尤奇。虽不复精匀，而气格不凡。今尚在，然眼昏不复能运笔矣。尝见此物，各为赋一首云。

葛洪结庐方山，山有洗药池。洪有诗云："洞阴泠泠，风珮清清。仙居永劫，花木长荣。"——云池在兴国县。

王彪之与诸兄弟别于方山，赋诗："脂车总驰轮，泛舟理飞棹。丝染墨悲欢，路歧杨感悼。"

桃叶渡在秦淮，王献之有《桃叶歌》："桃叶复桃叶，渡江不用楫。但渡无所苦，我自迎接汝。""桃叶复桃叶，桃树连桃根。相怜两乐事，独使我殷勤。"桃叶亦有歌："桃叶映红花，无风自婀娜。春花映何限，感郎独采我。""桃叶复桃叶，渡江不待橹。风波了无常，没命江南渡。"

吴均《续齐谐记》：桓玄篡位后，朱誉门中忽见两小儿，通身如墨，相如作《笼歌》云："芒笼茵，绳缚腹。车无轴，倚孤木。"路边小儿从而和之者数十人，声甚哀楚。日既夕，二小儿入建康县,至阁下,遂成双漆鼓槌。明年春,而桓败。"车无轴,倚孤木",桓字也。荆州送玄首,用败笼茵包之,又芒绳缚其尸,沉诸江中,悉如所歌。

建康小吏曹著,为庐山君迎至庙。庙门外置一大瓮,可受数百斛,尝有风云出其中。庐山君夫人呼其女婉出见著,容色甚丽,著大悦。夫人命婢琼林取琴,命婉鼓之。婉抚琴而歌曰:"登庐山兮郁嵯峨,晞阳风兮拂紫霞。招若人兮濯灵波,欣良运兮畅云柯。弹鸣琴兮乐莫过,云龙会兮登太和。"歌毕,即趋入。庐山君因以婉妻著。居顷之,著求还,婉泣然,赋诗为别,赠以织成衫袴。

《十八高贤传》:昙叡晚居建康乌衣寺,彭城王义康遗之貂裘,叡以为褥。义康阴使人以钱三十万买之,不从。谢灵运常就问叡经中奇字。

《庐山疏》云:僧智瑛,上元县人。正统初,住云溪寺,因号云溪。初行头陀行,为诸僧负薪米力作。已而有所悟。生平不识文字,晚乃能诗。庐山自天眼后,得佛宗旨者,唯瑛一人。晚年忽语其徒曰:"某月日吾当逝,逝必有风雷之警。"既近期,又预报庐山诸庵主,使来集。及期,诸庵主集,天朗霁,无纤云。咸疑其言不售,几罢去。既午,有片云起西北,瑛乃沐浴具威仪,礼诸佛,退与诸庵主别。已而疾风震雷,掣茅坠瓦,风疾旋,自下上转入空际,东南逝。视瑛,已迁化矣。

宋孝武《游覆舟山》诗：“束发好怡衍，弱冠颇流薄。素想终勿倾，聿来果丘壑。层峰亘天维，旷绪绵地络。逢皋列神苑，遭坛树仙阁。松磴含青晖，荷源煜彤烁。川界泳游鳞，岩庭响鸣鹤。”

华林园，即吴宫苑地。宋元嘉中，更修广之，凿天泉池，造景阳楼、大壮观、花光殿，设射埒。孝武率群臣燕集，效柏梁体为诗：“九宫盛事予旒纩，帝。三辅务根诚难亮。扬州刺史、江夏王义恭。策拙枌乡惭恩望，南徐州刺史、竟陵王诞。折冲莫效兴民谤。领军将军元景。侍禁卫储恩踰量，太子右率畅。臣谬叨宠九流旷。吏部尚书庄。喉唇废职方思让，侍中偃。明笔直绳天威谅。御史中丞颜师伯。”

方山在城东南三十里，吴大帝为葛玄立观于其上。谢灵运有《邻里相送至方山》诗。

鲍明远有《侍宴覆舟山》诗二首，其一：“息雨清上郊，开云照中县。游轩越丹居，晖烛集凉殿。凌高跻飞槛，追爽起流宴。柸苑含灵群，岩庭藏物变。明辉烁神都，丽气冠华甸。目远幽情周，体洽深恩遍。”其二：“繁霜飞玉闼，金景丽皇州。清跸戒驰路，羽盖伫宣游。神居既崇盛，岩险信环周。礼俗陶德声，昌会溢民讴。惭无胜化质，谬从云雨浮。一作游。”

三山在城西南三十七里，下临大江。明远有《还都至三山望石头城》诗："泉源安首流,川末澄远波。晨光被水族,晓气歇林阿。两江皎平迥,三山郁骈罗。南帆望越峤,北榜指齐河。关扃绕天邑,襟带抱尊华。长城非壑崄,峻岨似荆芽。攒楼贯白日,摛堞隐丹霞。征夫喜观国,游子迟见家。流连入京引,踯躅望乡歌。弥前叹景促,逾近倦路多。偕萃犹如兹,弘易将谓何?"

明远《行京口至竹里》诗："高柯危且竦,锋石横复仄。复涧隐松声,重崖伏云色。冰闭寒方壮,风动鸟倾翼。斯志逢凋严,孤游值曛逼。兼涂无憩鞍,半菽不遑食。君子树令名,细人效命力。不见长河水,清浊俱不息。"今上元东北六十里有竹里桥云。宋武帝讨桓玄,其路经此。

王融《侍游方山应诏赋诗》:"巡躅望登年,怅饮临秋县。日羽镜霜浔,云旗落风甸。四瀛良在目,八寓宛如见。小臣窃自嘉,预奉柏梁宴。"

谢玄晖《晚登三山还望京邑》诗:"灞涘望长安,河阳视京县。白日丽飞甍,参差皆可见。余霞散成绮,澄江净如练。喧鸟覆春洲,杂英满芳甸。去矣方滞淫,怀哉罢欢宴。佳期怅何许,泪下如流霰。有情知望乡,谁能鬒不变?"

新林浦去城十八里,玄晖有《之宣城郡出新林浦向板桥》诗:"江路西南永,归流东北骛。天际识归舟,云中辨江树。旅思倦摇摇,孤游昔已屡。既欢怀禄情,复协沧洲趣。嚣尘自兹隔,赏心于此遇。虽无玄豹姿,终隐南山雾。"

宋徐谖有《华林北涧》诗:"总长潭兮括远源,下沈溜兮起轻泉。回溪峻兮曲沼阻,冲波激兮濑浅浅。贯九谷兮积灵芝,飞清涛兮洁澄川。"

新亭在城西南十五里,今石子冈处。齐徐勉有《昧旦出新亭渚》诗:"驱车凌早术,山华映初日。总辔且徘徊,复值清江谧。杳霭枫树林,参差黄鸟匹。气物宛如斯,重以心期逸。春堤一游衍,终朝意殊悉。"谢朓和云:"宛洛佳遨游,春色满皇州。结轸青郊路,回瞰沧江流。日华川上动,风光草际浮。桃李成蹊径,桑榆荫道周。东都已俶载,言归望绿畴。"

宋文帝《登景阳楼》诗:"崇堂临万雉,曾楼跨九成。瑶轩笼翠幌,组幌翳云屏。阶上晓露洁,林下久风清。蔓藻嬛绿叶,芳兰媚紫茎。极望周天险,留察浃神京。交渠纷绮错,列植发华英。"

《唐书·乐志》云:"石城有女子名莫愁,善歌谣。"今石城之西有莫愁湖,亦一证也。然《乐府解题》曰:"古歌亦有莫愁女,洛阳人,与此不同。"岂有两莫愁耶?《莫愁乐》云:"莫愁在何处?莫愁石城西。艇子打两桨,惟送莫愁来。""闻欢下扬州,相送楚山头。探手抱腰看,江水断不流。"观"石城西"与

"下扬州"二语，为金陵人无疑。

《景定建康志》言：金陵有太保王祥墓，当是导南渡时奉之以来。后子孙七十许人，六朝史皆有其传。此古今所未有，固由太保兄弟盛德所贻。然观史言王氏世居禁中里马粪巷，门风宽恕，兄弟子侄皆笃实谦和，时号马粪诸王，为长者。且门中唯刘真长、王仲祖、许玄度、支道林诸人往来。其能世济其美，久而弥昌，有以也夫！

王右军《与谢万书》云："顷东还，修植桑果，今盛敷荣。率诸子，抱弱孙，游观其间。有一味之甘，割而分之，以娱目前。虽植德无殊邈，犹欲教养子孙以敦厚退让。或有轻薄，庶令举策数马，仿佛万石之风。"观此，王氏之家法亦可概见。今人动言江左风流，若以为浮薄者，然彼何足以知王谢哉？

陶隐居[①]有真迹，藏建阳徐闳中家，今《停云馆帖》[②]有之，云：郭千村者，在长隐山东数里。仙人郭四朝初至山，种植于此，郭千号因斯兆焉。隐居《华阳颂》所云"郭千峙留岸，姜巴亘远踪"，正指此也。嘉靖中，山人郭第寻至其处，以为奇。广陵朱曰藩赠以诗："塘墙新绿影儵儵，一笑能来郭四朝。拟接土山开靖室，且支丹灶向疏寮。扣舷惯爱池中戏，相杵时闻城

---

① 陶弘景，字通明，秣陵（南京）人。齐高帝曾引为诸王侍读，后辞禄隐居句曲山（茅山），自号华阳隐居。梁武帝继位后屡召不出，人称"山中宰相"。
② 《停云馆帖》十二卷，明长洲文徵明撰集，文嘉、文彭摹勒，温恕、章简父镌刻。

上谣。见说五游还有待，愿因香茗结逍遥。"

谢公墩在冶城之尾。冶城本吴王夫差冶铸处，宋为天庆观。今朝天宫、铁塔寺、谢公墩一脉绵亘，皆其地也。《世说》："王右军与谢太傅共登冶城，谢悠然远想，有高世之志，故名谢公墩。"谢灵运《撰征赋》："视冶城而北属，怀文献之悠扬。"指此也。自《景定建康志》言荆公虽有"我屋公墩"之句，又云"问樵樵不知，问牧牧不言"，意公亦自疑，遂断以父老相传之言为无据。不知"我屋公墩"已的有所指，其言樵牧不知，特言旧事荒凉，以寓其感慨云耳，而岂谓非公遗迹也哉？李太白《登冶城西北谢公墩诗序》云："此墩即晋太傅谢安与右军王羲之同登处，予将营园其上，故作是诗，云：'冶城访古迹，犹有谢公墩。凭览周地险，高标谢人喧。想象东山姿，缅怀右军言。白鹭映春洲，青龙见朝暾。地古云物在，台倾禾黍繁。我来酌清波，于此树名园。'"其言详且晰矣。太白又在介甫之前，即《世说》与太白诗证之，纷纷之疑尽破，亦何必凿空指谢公他子孙为说耶 [①]？

沈约迁尚书令，虽名位隆重而居处俭约。尝立宅钟山之下，既成，刘杳赞之，约报云："惠以二赞，词采妍富，便觉此地十倍。"

---

① "谢公他子孙"指谢玄、谢灵运。明时南京有两谢公墩，一在冶城北，一在城东半山寺后。王安石于半山寺营居时，以其地为谢公墩，故诗中有"我屋公墩"之句，引发后人争议。顾起元《客座赘语》中亦有"两谢公墩"条，经其考证，冶城北之谢公墩为谢安、王羲之登临处；半山寺后之谢公墩为谢玄及其子孙所居之康乐坊。

吴隐之为广州刺史,官罢,并无还资。篱垣仄陋,妻子寒露,内外茆屋六间,在金陵城东南五里。

张文潜云:"予自金陵月堂谒蒋帝祠,初出北门,始辨色,行平野中,时暮春,人家桃李未谢。西望城濠,水或流或绝,多鸂鶒、白鹭,迤逦傍山,风物天秀,如行锦绣图画中。"

钟山最秀者,屏风岭,巧石青林,幽邃如画;在明庆寺前山之东,有八功德水,在悟真庵。又宝公塔西一里,有洗钵池。兴国寺有道光泉,以僧道光穿甃得名。宋熙泉近宋熙寺之侧,寺东山颠有定心石,下临峭壁。西百余步,有白莲庵。又北高峰绝顶,有一人泉,仅容一勺,挹之不竭。皆山之胜处。

齐立儒馆于北郊,命雷次宗居之,次宗因开馆于鸡笼山,高帝尝就以受《礼》及《左氏春秋》。

竟陵王子良移居鸡笼山下,集四学士,抄五经百家为《四部要略》千卷。

陈轩《金陵集》有《怀摄山十题》,曰:白云庵、清风轩、唐公岩、天开岩、宴坐台、中峰涧、明月台、品外泉、醒石、磬石。

宋谢朓七岁能属文。父庄游土山,使朓命篇,揽笔便就。谢公于土山营立楼馆,植林竹甚盛。每携中表子姓往来游集,肴馔日费百金。

汤山西接云穴山，汤泉出其下，大小六处，四时常热。禽鱼之类，入者辄烂。以煮豆谷，终日不熟。草木濯之，愈鲜茂。

杜子美《送许八拾遗归江宁觐省》诗结句："看画曾饥渴，追踪恨淼茫。虎头金粟影，神妙独难忘。"自注："甫昔时尝客游此县，于许生处乞瓦官寺维摩图样。"

铜山在江宁县东七十里，鲍昭《过铜山掘黄精》诗云："铜山画深沉，乳窦夜涓滴。"即此。句容北、溧水西，各有铜山，皆旧日采铜处。

陈永定初，王彬聚兵襄阳，以窥台城，造黄龙舟千艘。忽西南风，急张帆直下。陈将侯瑱泊舟芜湖，即随之战于烈山之下，用拍竿撞彬船，遇之则破。彬掷火焚之，风逆，自焚，遂大败。土人以瑱功甚盛，故名山曰烈山，以祠之。宋晁无咎有诗云："山如浮玉一峰立，江似海门千顷开。我欲此中成小隐，莫教山脚有船来。"

《景定志》：吴赤乌四年，凿东渠名青溪，通城北堑潮沟，泄玄武湖水南流，接于秦淮。及杨吴城金陵，青溪始分为二：在城外者自城濠合于淮，今城东竹桥西北接后湖者，遗迹固在；但城内者悉皆湮塞，惟上元县治迤逦而西，循府治东南出，至府学墙下，皆青溪之旧曲，通于秦淮。溪旧有七桥，晋郗僧施泛舟青溪，每溪一曲，作诗一首。谢益寿闻之，曰："青溪中曲复何穷尽？"至赵宋仅存一曲耳。节使马光祖浚而深广之，建先贤祠及诸亭馆其上，筑堤飞桥以便往来。游人泛舟于中，自早至暮，乐而忘归。马有诗："人道青溪有九曲，如今一曲仅能存。江家宅畔成花圃，东府门前作菜园。登阁自堪观叠嶂，泛舟犹可醉芳樽。料应当日皆无恙，苕雪潇湘不足言。"

乌衣园有宋张杜《柳梢青》词，韫藉可喜："燕里花深，鹭汀云淡，客梦江皋。日日言归，淮山笑我，尘锁征袍。　几回把酒凭高，栏干外魂飞暮涛。只有南园，一番风雨，过了樱桃。"

郭文字文举，王茂弘筑台于冶城以处之，今太一殿即书台遗址。尝手探虎鲠，茂弘问之，对曰："情由想生，不想即无。人无杀兽之心，兽无害人之意。"

吴景伯登凤凰台《沁园春》词："再上高台，访谪仙兮，仙何所之？但石城西踞，潮平白鹭；浮图南峙，云淡乌衣。凤鸟不来，长安何处？惟有碧梧三数枝。兴亡事，对江山休说，谁是谁非。　庭花飘尽胭脂，算结绮繁华能几时。问何人重向，新亭挥泪？何人更到，别墅围棋？笑拍栏干，功名未了，宁肯绿蓑寻钓矶。深深饮，任玉山醉倒，明月扶归。"

白鹭亭，东坡尝题其柱。王胜之龙图守金陵，一日而移南郡，东坡居士作长短句以赠之："千古龙蟠并虎踞，从公一吊兴亡处。渺渺斜风吹细雨，芳草渡，江南父老留公住。　公驾飞车凌彩雾，红鸾骖乘青鸾驭。却讶此洲名白鹭，非吾侣，翩然欲下还飞去。"荆公因作诗："柱上题名客姓苏，江上清绝冠吴都。六花飞舞凭栏处，一本天生卧雪图。"

洪丞相迈云："金陵之赏心、白鹭，杭、汉、汝阴之西湖，洪、蜀、永之西山，嘉之峨眉，巴陵岳阳之楼，黄之临皋，扬之平山，吴之苏台、茂苑，荆楚之云梦，滁之琅琊，九江之庾楼，皆延庚揖辛，宾夕阳而导初月，校奇品胜，于登临为宜。"

丁晋公典金陵，陛辞。真宗出八幅《袁安卧雪图》付公曰："卿到金陵，选一绝景处张此图。"丁遂张于赏心亭。图乃唐周昉笔，经十四太守，虽极爱，不敢取。后一人以画芦雁易之去。

何逊有《登延祚阁》诗，阁在城内西北铁塔寺。中有篆龙轩，王荆公尝读书处。今王集有《正觉院》《篆龙轩》二诗，据此，"我屋公墩"之句，正言自篆龙轩望谢墩耳。

南唐跨有江淮，鸠集坟典，特置学官。滨秦淮，开国子监。旧志在镇淮桥北御街东，里人呼国子监巷。

吴赤乌八年，使校尉陈勋作屯田，发兵三万凿句容中道至云阳,以通吴会船舰,名破冈渎。为十四埭,上七埭入延陵界,下七埭入江宁界。于是东郡舟行,不复经京江。六朝因之,隋平陈,乃废。

李司徒建勋《蒋山寺》诗:"楼台虽少景何深? 满地青苔胜布金。松影晚留僧共坐,水声闲与客同寻。清凉会拟归莲社,沉湎终须弃竹林。长爱寄吟经案上,石林秋霁向千岑。"又《题道林》诗:"虽向钟峰数寺连,就中奇胜出其间。不教幽树妨闲地,别着高窗向远山。莲沼水从双涧入,客堂僧自九华还。无因得结香灯社,空倚王门玷玉班。"

苏东坡《过清凉寺赠和长老》诗:"代北初辞没马尘,江南来见卧云人。问禅不契前三语,施佛空留丈六身。老去山林徒梦想,雨余钟鼓更清新。会须一洗黄茆瘴,未用深藏白氍巾。"又:"过淮入洛地多尘,举扇西风欲污人。但怪云山不改色,岂知江月解分身。安心有道年颜少,遇物无情句法新。送我长芦舟一叶,笑看雪浪满衣巾。"

刘后村《清凉寺》诗:"塔庙当年甲一方,千层金碧万缯郎。开山佛已成胡鬼,住院僧犹说李王。遗像有尘龛坏壁,断碑无首立斜阳。惟应驻马坡头月,曾见金舆纳晚凉。"寺创于南唐李后主。山有后主暑风亭,并栏刻"保大三年"字,近留题者多误。

宋景文《鸡跖集》:"南齐栖霞寺大明法师,好谈论,手执松枝为谈柄。"

晋哀帝兴宁二年,诏移陶官于淮水北,遂以南岸窑地施僧慧力造寺,因以瓦官名之。今骁骑卫仓是其遗址。南唐为昇元寺。登阁江山满目,最为佳胜处。太白诗"白浪高于瓦官阁",正与今仓基所见同。近诏毁私创庵院,集庆庵一點僧辄妄以瓦官名其处,因得幸免。然于古迹毫无干涉也。

李司徒建勋《栖霞》诗:"养花天气近平分,瘦马来敲白下门下。时色未开山意远,春容犹淡月华昏。瑯琊冷落存遗迹,篱落稀疏带旧村。此地几经人聚散,只今王谢独名存。"

释慧约姓娄,少达妙理,周颙素所钦服,于所居钟山旧馆作草堂寺以处。颙仕于朝,孔稚圭作《北山移文》讥之,即此。荆公诗:"周颙宅作阿兰若,娄约身归窣堵波。蕙帐铜瓶皆梦事,翛然陈迹翳烟萝。"寺今移栖霞山侧。

金陵旧事下

《吴都赋》:"横塘查下,邑屋隆夸。夸,古作反。长干延属,飞甍舛互。"吴大帝时,自江口沿淮筑堤,谓之横塘,北接栅塘。盖其时夹淮立栅,自石头南上十里至查浦,查浦上十里至新亭,新亭南上十里至孙林,孙林南上十里至板桥。查浦即查下也。金陵鼎族,聚居横塘、查浦间,楼阁壮丽,天下莫比,至赵宋犹然。马制使光祖诗："如今何处是横塘,在府城南淮两旁。魏蜀两都皆不似,蓬莱三岛足相方。乌衣巷口排金屋,朱雀桥边立粉墙。有底繁华难说似,何妨把作画图张。"

茅山玉晨观许长史旧宅有井,色白而甘。徐鼎臣作铭云:"长史含道,栖神九天。人非邑改,丹井存焉。射兹谷鲋,洌彼寒泉。分甘玉液,流润芝田。我来自西,寻真紫阳。若爱召树,如升鲁堂。敬刊翠琰,永识银床。噫嗟后学,挹此余光。"

茅山华阳宫有陶隐居井,岁久湮没。政和初,道士庄慎修索得之。初,去三尺许得瓦井栏,虽破,合之尚全。环刻大字:"先生丹阳陶,仕齐奉朝请。壬申岁来山,栖身高静,自号隐居。同来弟子吴郡陆敬游,其次杨、王、吴、戴、陈、许诸生,供奉阶宇,湖熟潘遝及远近宗党,不可具记。悠悠历代,讵勿识焉。梁天监三年八月十五日,钱塘陈宣懋书。"又穿数丈,获一圆石砚,径九寸许,列十一趾。涤之,朱色粲然。又得铜炉,有柄,若今之手炉者,今藏宫中。

萧颖士《蓬池禊饮序》云:"晋氏中朝,始参燕胥之乐;江左宋齐,又间以文咏,风流遂远,郁为盛集。"萧子范《家园三日赋》有云:"聊洁新而濯故,式东流之清轨。右瞻则青溪千仞,北顾则龙盘秀出。"

汝南湾当秦淮曲折处,齐陆慧晓清介自立,张绪目为江东裴、乐,家于湾前;张融自称"天地逸民",牵船住岸,卜以邻居。刘巘及弟琎二人并居其间,水有异味,时共酌饮之。马光祖诗:"当时只号汝南湾,后有三人住此间。自谓逸民须隐约,并称贤士想高闲。只缘水味都殊异,且欲邻居数往还。好事有时相就饮,不妨铛脚对青山。"

《宫苑记》:"吴大帝迁都建邺,曰太初宫者,即长沙王故府,徙武昌宫室材瓦所缮也;曰台城,宫省之所寓也;曰东府,宰相之所居也;曰西州,诸王之所宅也;曰仓城,储蓄之所在也。晋琅琊王渡江,因吴旧都而居之。宋齐以下,间有改筑,其经画皆仍吴旧。"

《图画见闻志》云:"艾宣,金陵人,工画花竹翎毛,孤标雅致,别是风规,败草荒榛,尤长野趣;又有昇州昭厉庆,工佛像,尤长于观音;句容郝澄,以丹青自乐;周义规能画鬼神、冕服、车器、人物,昇元中,命图南庄,最为精绝;江宁沙门巨然,画烟岚晚景,当时称绝;建康蔡润善画舟船及江湖水势;曹仲元工画佛道鬼神;竺梦松工画人物女子、宫殿台阁;顾德谦工画人物;刘道士工画佛道鬼神。"

王祥字休徵,旧志:墓在江宁县何城寺北。祥累官太保,进爵为公,年八十五而终,谥曰元。弟览,累官至大中大夫,年七十三,谥曰贞。祥五子:肇、夏、馥、烈、芬。肇,始平太守;馥,上洛太守;肇子俊,守太子舍人,封永世侯;俊子遐,郁林太守;馥子根,散骑郎。览六子:裁,抚军长史;基,治书御史;会,侍御史;正,尚书郎;彦,治中护军;琛,国子祭酒。丞相导,裁之子也,世居乌衣巷,衣冠之盛,为江左第一。

《圣宋名画录》:"开宝中,王师伐金陵,府藏悉充军实。有步卒李贵,径入佛庙,得建康人王齐翰所画十六罗汉,鬻于市。富商刘元嗣以白金四百两请售之。元嗣入都,复质于相国寺普满塔主清教处。及元嗣往赎,并为所匿,讼于京师。时真宗方尹京,按证其事,清教辞屈,乃出元画。真宗嘉叹,各赐白金十两,释之。后十六日,即位,名曰'应运国宝',藏于秘府。"

淳熙十一年,溧阳仓斗子坐盗官米黥配,而籍其家,得草书二轴,题云"庚申岁书",其名权花押,正如一剑之状,盖钟离翁也。词云:"露滴兰芽玉满畦,闲拖象屐到峰西。但令心似莲花净,何必身将槁木齐。古堑细香红树老,半峰残雪白猿啼。虽然不是桃源洞,春至桃花亦满蹊。"李粹白跋曰:"字画放逸,有翔龙舞凤之势,脱去寻常蹊径,飘然神仙风度也。"真本藏建康府治军资库。一作唐僧贯休诗,见《弘秀集》。

《江表传》载吴大帝诏曰:"建康宫乃朕从京来所作将军府寺耳,材柱率细小。今未复西,可徙武昌宫材瓦更缮治之。"有司奏言:"武昌宫已二十八岁,恐不堪用。宜下所在,更伐木治。"帝曰:"大禹以卑宫为美,今军事未已,所在多赋损农,武昌材自可用也。"

潮沟在金陵上元之西,张子野《长相思》词:"粉艳明,秋水盈,柳样纤柔花样轻。笑前双靥生。 寒江平,江橹鸣,谁道潮沟非远行?回头千里情。"

越用范蠡之谋,尽有吴地,将图楚,称霸江淮。乃筑城于长干里,今秦淮南一里半,废越城是。

或谓吴郡陆喜曰:"薛莹于吴士为第一乎?"喜曰:"莹在四五之间,安得为第一?夫以孙皓无道,沉默其体,潜而勿用者第一也;避尊居卑,禄以代耕者第二也;侃然体国,执正不惧者第三也;斟酌时宜,时献微益者第四也;温恭修慎,不为谄首者第五也;过此以往,不足复数。故彼上士多沦没而远悔吝,中士有声位而近祸殃。观莹之处身本末,又安得为第一乎?"

贾黄中知昇州,府舍有一室,封记具全。黄中启之,得李氏珠宝数十柜,皆未著于籍者,即表上之。上曰:"非黄中,则亡国之宝污法害人矣。"赐钱三十万。

天禧中,马亮三知江宁府。初,亮将代,梦舌上毛生。有僧解曰:"舌上毛生,剃不得也,当再任。"果如其言。隼旃如归,耄倪相庆。林逋寄诗云:"金陵土著多蒙赖,分野三回见福星。"

光禄卿王随知江宁,会岁大饥,转运使移府发常平仓米,计口日给。随置不听,曰:"民饥由兼并闭粜以邀高价耳。"乃大出官粟,而私价遂平。他郡计口以粜者,不能自足,多流死。

天圣四年,江宁童子夏锡幼能为文,召试,赐出身。

昇州人邵必,被差为编修《唐书》官。必言史出众手非是,卒辞之。

崇宁二年,监司荐江宁府进士侍其瑀,经行为乡间所推,诏乘驿赴阙。

石勒来攻建邺,扬威将军纪瞻督诸军讨之。勒退河北,帝铸一鼎,沉瓜步江中。其鼎无文字,乃龟形。

《茅山记》曰:"秦始皇三十七年,游会稽还,登句曲北垂山,埋白璧一双,深七尺。李斯篆刻,文云:'始皇圣德,平章江山。巡狩苍川,勒铭素璧。'"

蒋山① 本少林木,晋令刺史罢还,种松百株。宋诸州刺史

---

① 即钟山。

罢职还者,栽松三千株。下至郡守,各有差。

散骑常侍刘勔,经始钟岭之南,以为栖息,聚石蓄水,朝士雅素者多从之游。

阮孝绪因母疾,用药须生人葠,相传钟山所出,孝绪躬历幽险,累日不获。忽一白鹿导之前行,至一所,不见。就求之,果得。

唐大历中,处士韦渠牟隐钟山,号遗名子。颜鲁公题其所居之堂曰"遗名先生三教会宗堂"。

朱元晦云:"岷山之脉,其一支为衡山者,尽于九江之西;其一支又南而东度桂岭者,则包湘源而北经潭、袁之境,以尽于庐阜;其一支又南而东,度大庾岭者,则包彭蠡之源,以北尽乎建康;其一支则又东,包浙江之源:北其首,以尽会稽,南其尾,以尽闽粤。"

《唐·地理志》云:江南道名山,衡、庐、茅、蒋。

吴使薛珝聘蜀,还,帝问蜀政得失。珝对曰:"蜀主暗而不知其过,臣下容身以求免罪。入朝不闻正言,经野民皆菜色。夫燕雀处堂,自以为安也。窟决栋焚,而怡然不知祸之将至,是之谓乎?"帝闻之慄然。

吴人陈焦死,埋六月,更生,穿土而出。

愍帝建兴四年,玉册见于临安。白玉麒麟神玺出于江宁,其文曰"长寿万年",江宁县名始见是年。或曰永嘉中置。

晋大兴三年,创北湖,筑长堤,以壅北山之水。东自覆舟山,西至宣武城,六里余。

张咏为江南东路安抚使。殿直范延贵押兵过金陵,咏问:"沿途来曾见好官员否?"延贵以萍乡邑宰张希颜对,咏曰:"何以知之?"延贵曰:"自入县境,桥道完,田野僻,市无赌博,更鼓分明。以是知其必善政也。"咏大笑,曰:"希颜固善矣,天使亦好官员也。"即日同荐于朝。希颜后为发运使,延贵阁门祇候,皆为能吏。

江南岸有山孤秀,从江中仰望,壁立峻绝。袁崧为郡,尝登之瞩望焉。其记云:"今自山南上至其岭,岭容十许人。四面望诸山,略尽其势。府临大江,如萦带焉,视舟如凫雁矣。"

袁崧尝言:"江北多连山,登之望江南诸山,数十百重,莫识其名。高者千仞,多奇形异势,自非烟塞雨霁,不辨见此远山矣。"余尝往返十许过,正可再见远峰耳。

绍兴中,上元令李辟之言:"本县所管金陵、钟山、慈仁三乡,实邻大江,田畴化为水面,二税虚挂版籍,乞除放。"从之。

张孝祥奏:"秦淮之水流入府城,分为两派。正河自镇淮新桥直注大江。其一为清溪,自天津桥出栅寨门,亦入于江。缘淮栅寨地,近为有力者所得,遂筑断清溪水口,创为花圃,以为玩赏之地。每水暴至,则泛滥城内,居民被害。若仿古迹,使清溪直通大江,庶建康永无水患。"诏汪澈指定以闻。澈言欲于西园依异时河道,通栅门入江。从之。

南唐元宗性友爱,弟景遂、景逿、景达,出处游宴,未尝暂舍。元日雪,上召诸弟登楼展宴赋诗。诗成,赐李建勋。建勋方会徐铉、张义方于溪亭,即时和进。元帝召三人同入,夜分方散。景遂集名公图其事:御容,高冲古主之;太弟以下侍臣,法部丝竹,周文矩主之;楼阁宫殿,朱澄主之;雪竹寒林,董元主之;池沼禽鱼,徐崇嗣主之。图成,无非绝笔。侍臣属咏,徐铉为前后序,文多不载。

《裴硎传奇》:"会昌中,有颜濬秀才游瓦官寺,遇陈宫人同游。语濬曰:'今日偶此登临,为惜高阁不久毁除,故来一别耳。'后数月,其阁果因寺废而毁。"

术士王生,金陵人,瞽而善听声。时丁谓先罢参知政事,知金陵。一日车从出南门,王于稠人中潜听其马蹄声,大言于众曰:"参政月中必召。"月余,果急召归觐,再入中书。逾岁，真宗晏驾，丁充山陵使。时王生至京师，丁闻其来，甚喜，厚待之。留宿书院，俟晓入朝，俾听马蹄声。退语诸子曰："蹄响有西行之兆。"诸子责之曰："尔知相公充山陵使，乃有是说耶？"王不对。后一朝士问之，曰："蹄西去而无回声。"丁果罢相，分西京，继有崖州之命。

江南中主时，有北苑使董源善画，尤工秋岚远景，多写江南真山，不为奇峭之笔。其后建业僧巨然祖述源法，皆臻妙理。大抵源及巨然画，其用笔甚草草，近视之几不类物象，远观则景物粲然，幽情远思，如睹异境。如源画《落照图》，村落杳然深远，悉是晚景，远峰之顶，宛有返照之色，此妙处也。

僧皎然《送履霜上人还金陵西山》诗："携锡西山步绿莎，禅心未了奈情何？湘宫水寺清秋夜，月落风悲松柏多。"

吴云壑琚字居父，留守建康；高似孙为徽倅，道出金陵，投以诗曰："四朝渥遇鬓微丝，多少恩荣世不知。长乐花深春侍宴，重华香暖夕论诗。黄金篆满无心爱，古锦囊归有字奇。一笑容陪珠履客，看临古帖对梅枝。"公之客曰储用、项安世、周师稷、刘翰、王辉、王明清，晚得王大受，辍子侄官授之。凡游从皆极一时之彦，他无嗜好。居近城，与东楼平，光皇为书匾以赐。楼下设维摩榻，酷爱古梅，日临钟、王帖以为课。非其所心交者，迹不至此。故高诗及之。

杜旟字伯高，赋石头城《酹江月》云："江山如此，是天开万古，东南王气。一自髯孙横短策，坐使英雄鹊起。《玉树》声消，金莲影散，多少伤心事。千年辽鹤，并疑城郭非是。　　当日万驷云屯，潮生潮落处，石头孤峙。人笑褚渊今齿冷，只有袁公不死。斜日荒烟，神州何在，欲坠新亭泪。元龙老矣，世间何限余子！"

周晋仙名文璞，宋淳熙间人，题钟山云："往在秦淮问六朝，江头只有女吹箫。昭阳太极无行路，岁岁鹅黄上柳条。"

宋景濂学士有《晚步清溪上》诗："溪色涵膏绿，溶漾正堪餐。十步九还辟，清芬袭肺肝。渚芽既戢戢，岸花亦戈戈。洁沤近宜狎，贲鲂清可扪。流念梁陈际，甲第绕其堧。南滥绮钱结，北津铜网繁。倒景浸寥旷，蒸汽湿铅丹。有时作清游，肃舲输轩尊。泛爵溢朱组，箧筵引蝉冠。荆倡逞妍曲，秦艳发清弹。唯恐悬象坠，不忧芳年单。繁华随逝水，崇替起哀欢。黄鸟背人飞，响入华林园。"

越王台在长干里，范蠡佐句践与楚争霸，筑城秦淮之南，台即越城故址也。小说乃谓越女嫁江南国主为妃，以其地卑湿，运越土筑台以居。诗人因有为《越台曲》者，云："玉颜如花越王女，自小娇痴不歌舞。嫁作江南国主妃，日夜思归泪如雨。江南江北梅子黄，潮头夜涨秦淮江。江边雨多地卑湿，旋筑高台待晓妆。千艘命载越中土，喜见越人仍越语。人生脚踏乡土难,无复归心越中去。高台何易倾,曲池亦复平。越姬一去向千载,不见此台空有名。"此词人不根之语,殊不足据。

谢鲲风格高峻,少所交纳,惟与族子灵运、瞻、曜、弘微并以文义赏会共宴处,居在乌衣巷,谓之乌衣游。鲲五言诗:"昔为乌衣游,戚戚皆子侄。"其地在秦淮南。

江淹尝宿于冶亭,梦一人自称郭璞,谓淹曰:"吾有笔在公处多年,可见还。"淹乃探怀中,得五色笔一,以授之。尔后为诗绝无美句,时谓之才尽。冶亭即冶城。又金陵有梦笔驿,不知在何处。

《真诰》:秦时有士周太宾及巴陵侯姜叔茂者,来往句曲山下,秦孝王时封侯。今谓之姜巴路,在小茅山后,通延陵。

谢公思会稽东山,于城东筑土以拟之,一名土山,营立楼馆,植林竹甚盛。每携中外子侄,往来游集,肴馔日费百金。沈约《郊居赋》:"临巽隅兮纵目,即堆冢而流盼。虽东山之培塿,乃文靖之所宴。"指此。

节使吴琚游清溪,有词:"岸柳可藏鸦,路转溪斜,忘机鸥鹭满汀沙。咫尺钟山迷望眼,一片云遮。 临水整乌纱,鬓影苍华。酒阑却念在天涯,几日不来春便晚,开尽桃花。"

江宁浦在城南六十里,荆公有《江宁夹口》诗五首:"茅屋沧洲一酒旗,午烟孤起隔林炊。江清日暖芦花转,恰似春风柳絮时。"二:"月坠浮云水卷空,沧洲夜泝五更风。北山草木何由见?梦尽春灯辗转中。"三:"钟山咫尺被云埋,何况高楼与北斋?明夜月明江上梦,逆随潮水到秦淮。"四:"日西江口落征帆,却望城楼泪满衫。从此梦归无别路,破头山北北山南。"五:"落帆江口月黄昏,小店无灯欲闭门。半出岸沙枫欲死,系船犹有去年痕。"

段成式云:"蒋山有应潮井,在半山之间,俗传云与江潮相应,尝有破船朽板自井中出。贞观中,有牧儿汲水,得杉板长尺余,上有朱漆字,曰:'吴赤乌二年,豫章王子骏之船。'"

陈公尧咨泊舟三山,有叟曰:"来午有大风,舟行必覆,当谨避之。"翼日晴明,同行舟皆离岸,公托以事未发。日午,黑云起天末,大风暴至。折木飞砂,怒涛若山,行舟皆溺。公惊叹。又见前叟曰:"某江之游奕将也,公他日位宰相,固当奉告。"公曰:"何以报德?"叟曰:"吾本不求报,贵人所至,宜为护行。愿得《金光明经》一部,乘其力,薄得迁职。"至京,以《金光明经》三部,遣人至三山矶投之。梦前叟曰:"本祈一部,公赐以三。今连升数职矣。"再拜而去。

金城戍在上元金陵乡,王敦为琅琊内史,尝镇其地。后温北伐,经金城,见曩所种柳皆十围,叹曰:"树犹如此,人何以堪？"因攀枝执条，泣然流涕。

石城洞，一名龙洞。石头西岭，下临大江，当崭绝之处，有洞户。《真诰》云："此小有洞天之南门也。世呼为龙洞口。"

青溪阁本梁江总故宅，徐照诗："叶脱林梢处处秋，壮怀易感更登楼。日斜钟阜烟凝碧，霜落秦淮水慢流。人似仲宣思故国，诗如杜老到夔州。十年前作金陵梦，重抚栏干说旧游。"

周益公《赏心亭》诗："晋人夸新亭，暇日辄高会。中间伯仁辈，未免楚囚对。江山犹古昔，人物已暧昧。东郊今保厘，翠华记行在。佳丽压淮楚，追游盛冠盖。兹楼冠城雉，于迈无小大。令威虽不归，灵光故无碍。烟云互明灭，川郭相映带。当年乌衣游，此日思胜概。从容直休沐，登临多慷慨。幽怀忽轩豁，细故绝芥蒂。已寻诗社盟，更许食期戒。佳宾常满座，好语来天外。舟移白鹭远，目送飞鸟快。方种渊明菊，粗免监河贷。一醉傥可期，与君时倒载。"

米元章《赏心亭》诗："晴新山色黛，风纵芦花雪。尽日倚栏干，寒霄低细月。"

《后山谈丛》云："黄巢为乱，将攻金陵。人解之，曰：'王毋以攻也，王名巢，入金则剿矣。'巢因自引去。"

金陵有乐官山,南唐乐官所葬处。曹景建有序云:"南唐初下时,诸将置酒,将作乐。乐人大恸,杀之,聚瘗此山,因名乐官山。"诗云:"城破辕门宴赏频,伶伦执乐泪霑巾。骈头就死缘家国,愧杀南归结绶人。"

钟山有一人泉,释觉范[1]尝同敦素沈宗师酌而饮之,赋一诗:"钟山对吾户,春晓开烟鬟。白云峰顶泉,绀碧生微澜。经年未一酌,对客愧在颜。两翁亦超放,瘦策容跻攀。大千寄一瞬,境静情亦闲。是时天惨淡,佳处多遗删。立谈共嘲谑,豪气破天悭。临川冰玉清,风流继东山。兹游适所愿,但恨无弓弯。东阳丘壑姿,痴绝胆亦顽。孤坐巉绝处,掉头不肯还。天风吹笑语,响落千岩间。归来数清境,但觉毛骨寒。从君乞秀句,端为刻斓斑。"

温庭筠《鸡鸣埭曲》云:"南朝天子射雉时,银河耿耿星参差。铜壶漏断梦初觉,宝马尘高人未知。鱼跃莲东荡宫沼,濛濛御柳悬栖鸟。红桩万户镜中春,碧树一声天下晓。盘踞势穷三百年,朱方杀气成愁烟。彗星拂地浪连海,战鼓渡江尘涨天。绣龙画雉填宫井,野火风驱烧九鼎。殿巢江燕砌生蒿,十二金人霜炯炯。芊眠平绿台城基,暖色春容荒古陂。宁知《玉树后庭曲》,留待野棠如雪枝。"

---

[1] 北宋著名诗僧,一名德洪,字觉范,江西宜丰人。

又有《谢公墅歌》:"朱雀航南绕香陌,谢郎东墅连春碧。鸩眠高柳日方融,绮榭飘飘紫庭客。文楸方罫花参差,心阵未成星满池。四座无喧梧竹静,金蝉玉柄俱持颐。对局含情见千里,都城已得长蛇尾。江南王气系疏襟,未许苻坚过淮水。"

张僧繇于金陵安乐寺画四龙,不点睛。人问之,答曰:"点则飞去。"固请点之,顷刻雷电作,二龙乘云腾上。其二不点者犹在。画之通神如此。

贞观初,丹阳令王琼调集遭黜,琼甚愤惋,乃斋百千诣茅山道士叶灵中求章奏,问吉凶。灵中年九十矣,强为奏之。其章随香烟飞去,缥缈不见。食顷,坠地,朱书其末云:"受金百两,折禄二年;枉杀二人,死后处断。"一岁,琼无疾暴卒。

周辉《清波杂志》云:"辉居建康,春晚赴张德,共会于西园,呼数辈为侑。酒酣,忽有传府命呼其人。时张安国开府方两日。其人既去,求自解之说。众谓但以实告,坐客骆适正即席赋诗云:'花随春尽觅无痕,尚续余欢索侑尊。一曲未终人已去,西园灯火欲黄昏。'今三十年,西园宾主无一在者,旧事无人可共论,为之一叹。"

王荆公墓在蒋山东三里,与其子雾分昭穆而葬。绍圣初,吕吉甫知金陵时,待制孙君孚责知归州,经从,吕燕待之,礼甚厚。一日,因报谒于清凉寺,问孙曾上荆公坟否?盖当时士大夫道金陵，未有不往者。五十年前，士人节序，亦往致奠，时之风俗如此。曾子开有《上荆公墓》诗，见《曲阜集》。

《清波志》云："辉居建康，春时偕一二邻曲至内后景阳台，台之下一尼庵，少憩。见若琉璃色一瓦羟径二尺许，厚三四寸，中空，用以阁盆盎。叩之铿然有声。尼云：'近垦地得之，乃李后主用此引后湖水入宫者。'又至白下门齐安院，主僧曰：'近治地得一玉杯，已碎，银一铤，上刻"永定公主为志公和尚净发之资"，一样十铤。'行人问宫殿，耕者得珠玑，诚不吾欺。"

"辉忆年及冠，从父执陈彦育序游钟山，陈题三四诗于八功德水庵之壁：'寒骑瘦马度山腰，目断青溪第一桥。尽是帝王陵墓处，野风荒草暝萧萧。''十年尘土暗衣巾，乱走江乡一病身。西第将军成底事，北朝开府是何人？'止记其二。陈句金。先人尝次其韵：'雄压吴头控楚腰，千峰环拱冶城桥。黄旗紫盖旋归汉，古刹凄凉尚号萧。''北岳经行匪滥巾，相陪来现隐沦身。春萝秋桂还吾辈，白浪红尘付若人。'二十年后过之，皆不存矣。郄后化蟀之地鹿苑院，土人名萧帝寺，殿宇犹是梁时建。"

"建康六朝故都，叶石林少蕴居留日，尝命诸邑官能文者搜访古迹，制图经。时石橘林敏若子迈，主上元簿，考最详。多以荆公诗引证，号上元古迹。辉尝得其书，后史志道侍郎修

《建康志》，宛转借去，志成，为助良多。"

"石林至新林，因江宁尉林恪谒于道旁，忽叩新林之名，林即对：'乃王坦之倒执手板见桓温之地。'大喜，曰：'不图同寮中得一文士。'未几，以《左传》托其点抹，其见赏识如此，方欲荐用而林卒。林，开封人。"

"建康创建府治，石林委府僚伻图，再三不叶意。一旦，杖策自往相视，四顾指画，遂定。仪门外列六位，以处倅贰职官，迨六蜚临幸，以设厅为三省，便厅为枢密院，六位为六部，次及百司，皆有攸处。其他政事精明，人至今能道之。"

张忠定公咏，真宗朝出守昇州，集中有《金陵郡斋述怀》一首："傍人往往羡清涂，野逸情怀亦自扶。官舍四边多种竹，潮沟一面近生芦。病嫌见客低徊甚，老觉临官气味粗。不信浮名是身累，有时闲撚白髭须。

金陵人物表

	生于此	居于此	职于此	墓于此	祠于此	封于此
周			范蠡，越上将军，筑越城。	左伯桃（溧水县南）。羊角哀。	羊左庙（哀、伯桃）。贞女女。	
西汉				甄邯，后湖侧。		刘敢，丹阳侯。刘缰，秣陵侯。刘钦，溧阳侯。刘毕，溧阳侯。
东汉	史颢，崇子。史茅，颢子。史冶，茅子。史泽，冶子。史铉，泽子。史高，崇裔。	严光，结庐溧水。史崇，世居溧阳。许光，居句容。	潘乾，为溧阳长，秣陵。蒋子文，秣陵。	史崇，溧阳。许光，句容。	史祖庙（崇）。将帝庙（子文）。	史氏，自崇至泽，世为溧阳侯。陶谦，溧阳侯。
吴	陶璜。朱治，治子。朱然，治子。朱绩，然子。	是仪，台城西。张昭，长干北。陆机，秦淮侧。		万彧，溧阳南。甘宁，直渎北。葛玄，句容西南。	张娄侯昭，是尚书仪。周将军瑜。	潘璋，溧阳侯。张昭，由拳侯。韩当，石城侯。芮玄，溧阳侯。

（续表）

	生于此	居于此	职于此	葬于此	祠于此	封于此
晋	纪瞻。薛兼。张闿。许迈。陶回。王琼。乐道融。甘卓。许穆。葛洪。史万寿。史爰。史光。史宪。史雅。	王导、谢安、纪瞻，并乌衣巷。卫玠，合在府城南十里。周处，台在府城东。庞苑寺后。唐谦，摄山。郗鉴，青溪上。谢尚，兴严寺。谢万，长乐桥东。王僧虔，马粪巷。谢玄，土山下。吴隐之，城东。史光，雷平山。许穆，青溪北。	刘超，句容令。顾昌、鲁胜，并建康令。诸葛恢，临沂令。王舒，溧阳令。阮裕，溧阳令。陶潜，镇军参军。袁环，丹阳令。	山简，覆舟山之阳。王祥，城西南何湖侧。王导、温峤，俱幕府山西。谢安，梅颐冈。卞壶，冶城。纪瞻，句容。卫玠，新亭。颜含，靖安道旁。史万寿、史爰、史雅、史光、史宪、吕贝、马训、吕游，并溧阳。	卞将军壶。谢将军玄。梅将军颐。王导、谢安、刘琨、祖逖、顾荣、贺循、纪瞻、邓攸、周访、应詹、戴渊、周访、司马承、卞壶、郗鉴、陶侃、温峤、桓亮、刘超、钟雅、孔愉、陆晔、孔坦、何充、蔡谟、颜含、孙绰、王羲之、王述、王彪之、王祖之、谢玄、桓冲、谢石、谢玄、陶潜，并附元帝庙。雷俶君次宗。	戴渊，秣陵侯。王俊，永世侯。
宋		雷次宗，钟山西岩。周续之，钟山。檀道济，青溪北。	鲍照，秣陵令。顾觊之、刘秀之、张永、陆徽、江秉之、沈溄，并建康令。	谢俦，建康东土山。谢惠连，上元县。		

（续表）

	生于此	居于此	职于此	墓于此	祠于此	封于此
宋		何尚之、南涧寺侧。谢儿卿、白杨之。石井。周舍、蒋山。	郑袤、江乘令。臧寿、临沂令。			
齐	诸葛颍。刘俊宗。陶弘景、宝志东阳镇。	周颙、钟山西岩。刘瓛、檀桥。萧坦之、府城东。陶弘景、茅山。	褚球、溧阳令。王摛、并称陵令。	明僧绍、摄山。	刘贞简瓛。陶侍读弘景。	
梁	纪少瑜。陶子锵。陶季直。丁咸序、张松。	朱异、沈约、伏曼容、伏挺、范云、淳朱异、韦载、卢郢、并居建康。	乐法才、傅翙、谢挺、孔奂、并建康令。	葛府、句容。陶弘景、句容。雷平山、周弘正、□县。	昭明太子统。	杜龛、溧阳侯。
陈	马枢、茅山。周韶、方山。江总、青溪。骆文牙、土山。孙场、青溪。	刘洽、司马申、并称陵令。萧引、张维才、阮卓、并建康。明仲璋、临沂令。	王僧辩、方山下。			

（续表）

	生于此	居于此	职于此	墓于此	祠于此	封于此
唐	许叔牙。张常清。崔苇。刘郧。史务滋。史建。许淹。	韦渠牟、钟辐，并居钟山。柳均、李叔、郑宴，并溧阳令。杨于陵、句容簿。宋邻、孟郊，并溧阳尉。王昌龄、江宁令。	王通、窦叔向、岑仲、季康、陆该、休，并溧阳令。	颜尚书、史务滋、史建，来苏乡、溧阳县。	颜尚书真卿。李翰林白。孟参谋郊。	杜伏威，吴王。史务滋，溧阳县子。颜真卿，丹阳县子。
南唐		李建勋、钟山。孙晟、凤台山。徐铉、摄山。宋齐丘、镇淮桥北。	康仁杰、溧阳簿。张智、句容尉。	张咏、石头城后。李金全、城西金陵乡七里铺。高越、摄山。	李司徒建勋。潘内史佑。	
宋	潘温之。钱时敏。李朝正。钱周材。史思贤。习伢。邵必。	阎彦昭，吴宣同，并居溧阳。王安石、半山寺。蔡宽夫，在今贡院。刘岑、溧阳。陈已、竹街。	曹彬，昇州行营统帅。李及，昇州观察推官。程颢，上元主簿。虞允文、督府参谋。	杨帮乂，南门外。王安石，半山寺后。张环，长宁乡。管之善，下蜀镇。杨宗闵，钟山乡。叶祖洽，宣义乡。	杨忠惠邦乂。姚察使兴。曹武惠王彬。周元公敦颐。程纯公颢。程正公颐。张忠定公咏。李恭惠公及。包孝肃公拯。	钱时敏，溧阳伯。李朝正，溧阳男。

（续表）

	生于此	居于此	职于此	墓于此	祠于此	封于此
宋	陈兑。 李华。 钱戣。 潘祺。 吴柔胜。 洪迈。 朱舜庸。	汪胶、汪瀛，并笪桥。	张栻、督府机宜。 马之纯、运管。	钱周材，燕山。 王德，钟山。 李遨，青龙山。 王玮，钟山乡。 盛新武，冈山。 钱彦修，溧阳南。 张保，凤台乡。 赵彦，金陵乡。 钱之英，溧阳。 张孝祥，上元。 张保，凤台乡。 赵士䘏，句容。 崔敦诗，溧阳南。 李朝正，溧阳北。 童平，溧阳。 李处全，溧阳。 魏良臣，溧水。 王端朝，溧水。 程孙，清凉寺。	范忠宣公纯仁。 杨文靖公时。 郑介公侠。 李文定公迪。 傅献简公尧俞。 马忠肃公亮。 吕文穆公颐浩。 李庄简公光。 张忠献公浚。 张宣公栻。 吕忠肃公。 杨忠襄公邦乂。 朱文公熹。 周文忠公必大。 赵忠简公。 吴正肃公柔胜。 陈献公。 黄尚书度。 刘忠肃公珙。 马少师忠纯。 丘枢密。 真文忠公德秀。	

凤凰台记事

（明）马生龙 著

点校 罗晓翔

南京稀见文献丛刊

南京出版传媒集团
南京出版社

凤凰台记事 <small>俱洪武中事</small>

六朝旧城近覆舟山，去秦淮五里。至杨吴时改筑，跨秦淮南北，周回二十五里。本朝益拓而东，尽钟山之麓，周回九十六里，立门十三：南曰正阳，南之西曰通济，又西曰聚宝，西南曰三山，曰石城，北曰太平，北之西曰神策，曰金川，曰钟阜，东曰朝阳，西曰清凉，西之北曰定淮，曰仪凤，后塞钟阜、仪凤二门。其外城则因山控江，周回一百八十里，别为十六门，曰麒麟、仙鹤、姚坊、高桥、沧波、双桥、夹冈、上方、凤台、大驯象、大安德、小安德、江东、佛宁、上元、观音。

皇城在京城内之东，当钟山之阳，以乘王气。又旧内城在京城中，元为南台①地。本朝既取建康，首宫于此。

筑京城，用石灰秫粥锢其外，上时出阅视，监掌者以丈尺分治。上任意指一处，击视皆纯白色，或稍杂泥壤，即筑筑者于垣中，斯金汤之固也。又于城外起土城，以为不测屯守之计。宫中阴沟直通土城之外，高丈二，阔八尺，足行一人一马，以备临祸潜出，可谓深思远虑矣。

———

① 御史台，又称南台。

洪武初，以造海运及防倭战船，所用油漆棕缆悉出于民，为费甚重，乃营三园于钟山之阳，植棕漆桐树各千万株，以备用而省民供焉。

高皇尝御笔题于钟山玉柱，而以金龙护之。旁有天藻亭，士夫游观，先于亭下稽首。杨维祯诗云："钟山突兀楚天西，玉柱曾经御笔题。云拥金陵龙虎壮，月明珠树凤凰栖。气吞江海三山小，势压乾坤五岳低。华祝声中人仰止，万年帝业与天齐。"

洪武初，于江东门外稍南五里开河通大江，江中舟船尽泊此以避风雨，名上新河。又开下新河，官司马快船所泊处。

高皇微行大中桥旁，闻一人言繁刑者，语近不逊。上怒，遂幸徐武宁[①]第，武宁已出，夫人出迎，上问："王安在？"夫人对以何事、在何所。夫人欲命召，止之，乃曰："嫂知吾怒乎？"夫人谢不知，因大惧，恐为王也，扣首请其故。上曰："吾为人欺侮。"又请之，上怒甚，不言。久之，命左右往召某兵官，帅兵三千，持兵来，上默坐以待之。夫人益惧，以为决屠其家也，又不敢呼王。少顷兵至，上令二兵官守大中、淮清二桥，使兵自东而西诛之。当时顿灭数千家，上坐以伺，返命乃兴。

---

① 魏国公徐达，去世后追封中山王，谥号武宁。

洪武中，造徐中山坊表。初成，江阴侯吴良兄弟薄暮过之，问左右曰："何以称大功坊？"对曰："此魏国公第也。"良乘醉击坏之，有司以闻。明日二吴入朝，上怒问："何以坏吾坊？"良对曰："臣等与徐达同功，今独达赐第表里，且称大功，陛下安乎？"上啸曰："毋急性。"未几令有司即所封地建宅二区赐之，今在江阴。良居前，称前府，贞居后，称后府，甚弘丽也。

高皇微行，至三山街一媪门，有一木榻，假坐移时，问媪何许人，对曰："苏人。"又问张士诚在苏州何如，媪曰："方大明皇帝起手时，张王自知非真命天子，全城归附，苏人不受兵戈之苦，至今感德。"又问其姓而去。翌日语朝臣曰："张士诚于苏人初无深仁厚德，昨见一老妇深感其恩，盖苏民忠厚，恐京师百姓千万，无此一妇也。"迨洪武二十四年，取富户实京师，多用苏人，盖亦始此。

玄武湖屡溢，筑堤以防之，名太平堤，在太平门外。又佛宁门外开稳船湖，以通江水，为泊舟避风之所。

建来宾、重译二楼于聚宝门外，待四夷朝贡者。旧有鱼脊弓、缉鳞盘，皆中土所少者，本浡泥国王物。王永乐中来朝，卒于京师，因遗二物于馆，后迁都取去。王墓在石子冈。

太祖初渡江，御舟频危，得一樯以免。令树此樯于一舟而祭之,遂为常制。今在京城清凉门外,已逾百四十年矣。有司岁修祀,给一兵世守之,居舟傍,免其余役,或云即当时操舟兵之后也。

今南京兵部门无署榜。太祖一夕追人,侦诸司,皆有卫宿者,独兵部无之,乃取其榜去。俄有一吏来追夺,不能得侦者。上召部官问谁当直?对职方某官某吏卒。又问夺榜吏为谁?乃职方吏某也。遂诛官与卒,即以此吏补其官,不复补榜,以迄于今。其后太宗迁都,命诸司各以官一员扈从,兵曹素耻此吏并列,因遣行,后部亦恒虚此席。

太祖驾幸钟山仙洞,詹同文 ① 应制诗云:"大驾春晴临宝地,钟山老翠拥金仙。瑶花如雨三千界,紫气成龙五百年。风送香烟浮衮服,池涵树影拂青天。词臣侍从何多幸?安得诗才似涌泉。"

石城关边有清江楼、石城楼,三山门外有集贤楼,皆洪武间建,以聚四方宾客。

阅江楼在狮子山上,本朝宋濂奉敕撰记,有云:"金陵为帝王之州,自六朝迄于南唐,类皆偏据一方,无以应山川之王气。逮我朝定鼎于兹,始足以当之。京城之西北有狮子山,自

---

① 詹同,字同文,初名书,婺源人。曾仕陈友谅,朱元璋下武昌,召为国子博士,赐名同。洪武初进吏部尚书。

卢龙蜿蜒而来,长江如虹,实蟠绕其下。因地雄胜,诏建楼于巅,与民同游观之乐,遂名为阅江。一览之楼,万象森列,岂非天下之伟观与?登斯楼而阅斯江者,当思圣德如天,荡荡难名,与神禹疏凿之功同一罔极,忠君报上之心,其不油然而兴耶?"

初监生历事诸司,皆旦往夜归,号舍往返十余里。太祖一日命察诸司官吏等,独户部历事监生不至,逮问,对曰:"苦道远,行不前尔。"上始知之,因给历事监生驴钱,令赁驴而行。

高皇后足最大,上尝戏之曰:"焉有妇人足大如此,而贵为皇后乎?"后答曰:"若无此足,安能镇定得天下?"

元宵都城张灯,太祖微行至聚宝门外,见民间张一灯,上绘一大足妇人,怀一西瓜而坐。上意其有淮西妇人大足之讪,乃剿除一家九族三百余口,邻里俱发充军。

宝志葬处在钟山独龙之阜,太祖建大内宫殿于钟山,将迁之,卜之不报。乃曰:"假地之半,迁瘗微偏,当一日享尔一供。"乃得卜。发其冢,金棺银椁,因函其骨移瘗,建灵谷寺卫之,立浮屠于函上,覆以无梁砖殿,所费巨万,仍赐庄田三百六十所,日食其一,以为永业。御制文,树碑记绩,霹雳震其碑,再树再击。上曰:"志不欲为吾绩耳。"乃寝不树。志本释氏,齐武帝迎入华林园,屡有灵显,宋元加号道林真觉晋济禅师。

太祖时,整容匠杜某,专事上梳栉修甲。一日上见其以手足甲用好纸里而怀之,上问:"将何处去?"杜对:"圣体之遗,岂敢狼藉?将归谨藏之。"上曰:"汝何诈耶?前后吾指甲安在?"杜对:"见藏奉于家。"上留杜,命人往取甲。其家人从佛阁上取之,以朱匣盛,顿香烛供其前。比奏,上大喜,谓其诚谨知礼,即命为太常卿。后卒葬于宋西宁晟茔侧,至今犹有表题曰"太常卿杜公之墓"。

太祖进膳有发,召问光禄官,对曰:"非发也,龙须耳。"因即埒须,得一二茎,遂叱去不复问。

洪武中,京师有校尉与邻妇通。一晨校瞰夫出,即入门登床,夫复归,校伏床下,妇问夫曰:"何故复回?"夫曰:"见天寒,思尔冷来添被耳。"乃加覆而去。校忽念彼爱妻至此,乃忍负之,即取佩刀杀妇而去。有卖菜翁常供蔬妇家,至是入门,见无人即出,邻人执以闻官,翁不能明诬,伏狱成,将弃市。校出呼曰:"某人妻是我杀之,奈何要他人偿命乎?"遂白监决者,欲面奏,监者引见。校奏曰:"此妇实与臣通,其日臣闻其夫语云云,因念此妇忍负其夫,臣在床下,一时义气发作,就杀之,臣不敢欺,愿赐臣死。"上叹曰:"杀一不义,生一无辜,可嘉也。"即释之。

　　洪武中，欧阳都尉挟四妓饮，事觉，逮妓急。妓分必死，大毁其貌以往。一老胥谓曰："予我千金，能免尔死。"妓与之半，胥曰："上位神圣，宁不知若曹之侈肆？慎不可欺，当如常貌，更加饰耳。"妓曰："何如？"曰："须沐浴靓洁，以脂粉香泽面与身，令香透彻，而肌理极其妍艳。首饰衣装，悉以金宝锦绣，虽里衣亵裙不可以寸素间之，务穷尽妖丽，能夺目荡心则可。问其词，一味哀呼而已。"妓从之。比见上，上令自陈，妓无一言，上顾左右曰："绑起杀了。"妓解衣就缚，自外及内备极华烂，绘彩珍具堆积满地，照耀左右，至裸体，肤肉如玉，香闻远近。上曰："个小妮子，使我见也当惑了，那厮可知俚。"即叱放之。

　　天禧寺浮图灾，即古长干寺，有司奏入，上命兵马督人遥卫于外，令勿救火。寺既烬，命尽取其灰投于江，即其基建大刹，立塔十三重，赐名大报恩寺，雄丽甲海内焉。或曰永乐中事。

"南京稀见文献丛刊"
已出书目

1. 《六朝事迹编类·六朝通鉴博议》　　　　　　　　　（宋）张敦颐；（宋）李焘
2. 《梁代陵墓考·六朝陵墓调查报告》

　　　　　　　（清末民初）张璜；（民国）中央古物保管委员会编辑委员会
3. 《南唐书（两种）》　　　　　　　　　　　　　　　　（宋）马令；（宋）陆游
4. 《南唐二主词》　　　　　　　　　　　　　　　　　　（南唐）李璟，李煜
5. 《南唐二陵发掘报告》　　　　　　　　　　　　　　　　　　　南京博物院
6–9. 《景定建康志》　　　　　　　　　　　　　　　　　　　　（宋）周应合
10. 《金陵百咏·金陵杂兴·金陵杂咏·金陵百咏（外一种）》

　　　　　　　　　（宋）曾极；（宋）苏泂；（清）王友亮；（清）汤濂
11. 《南京·南京》　　　　　　　　　　　　　　　　　（明）解缙；（民国）李邵青
12. 《洪武京城图志·金陵古今图考》　　　　　　　　　　（明）礼部；（明）陈沂
13. 《献花岩志·牛首山志·栖霞小志·覆舟山小志》

　　　　　　（明）陈沂；（明）盛时泰；（明）盛时泰；（民国）汪闿

14.《金陵世纪·金陵选胜·金陵览古》

(明)陈沂；(明)孙应岳；(清)余宾硕

15.《后湖志》 (明)赵官等

16.《金陵旧事·凤凰台记事》 (明)焦竑；(明)马生龙

17.《金陵琐事·续金陵琐事·二续金陵琐事》 (明)周晖

18.《客座赘语》 (明)顾起元

19–21.《金陵梵刹志》 (明)葛寅亮

22.《金陵玄观志》 (明)葛寅亮

23.《留都见闻录·金陵待征录》 (明)吴应箕；(清)金鳌

24.《板桥杂记·续板桥杂记·板桥杂记补》

(明末清初)余怀；(清)珠泉居士；(清末民初)金嗣芬

25.《建康古今记》 (清)顾炎武

26.《随园食单·白门食谱·冶城蔬谱·续冶城蔬谱》

(清)袁枚；(民国)张通之；(清末民初)龚乃保；(民国)王孝煃

27.《钟山书院志》 (清)汤椿年

28.《莫愁湖志》 (清)马士图

29.《金陵览胜诗考》 (清)周宝偀

30.《秣陵集》 (清)陈文述

31.《摄山志》 (清)陈毅

32.《抚夷日记》 (清)张喜

33.《白下琐言》 (清)甘熙

34.《灵谷禅林志》 (清)甘熙、谢元福，(民国)佚名

35.《承恩寺缘起碑板录·律门祖庭汇志·扫叶楼集·金陵乌龙潭放生池古迹考》

（清）释鹰巢；（清末民初）释辅仁；（民国）潘宗鼎；（民国）检斋居士

36. 《教谕公稀龄撮记·可园备忘录·凤叟八十年经历图记》

（清）陈元恒，（清末民初）陈作霖；（清末民初）陈作霖，

（民国）陈祖同、陈诒绂；（清末民初）陈作仪

37–39. 《南京愚园文献十一种》　　　　（清）胡恩燮，（民国）胡光国 等

《白下愚园集》　　　　　　　（清）胡恩燮等，（民国）胡光国

《白下愚园续集》　　　　　　（清）张之洞等，（民国）胡光国

《白下愚园续集（补）》　　　　（清）潘宗鼎等，（民国）胡光国

《愚园宴集诗》　　　　　　　　　　　　　（清）潘任等

《白下愚园题景七十咏》　　　（清）胡恩燮，（民国）胡光国

《愚园楹联》　　　　　　　　　　　　　（民国）胡光国

《白下愚园游记》　　　　　　　　　　　　（民国）吴楚

《愚园题咏》　　　　　　　　　　　　　（民国）胡韵蕖

《愚园诗话》　　　　　　　　　　　　　（民国）胡光国

《愚园丛札》　　　　　　　　　　　　　　　佚名

《灌叟撮记》　　　　　　　　　　　　　（民国）胡光国

40. 《江宁府七县地形考略·上元江宁乡土合志》　　（清末民初）陈作霖

41–42. 《金陵琐志九种》　　　（清末民初）陈作霖，（民国）陈诒绂

《运渎桥道小志》　　　　　　　　　　（清末民初）陈作霖

《凤麓小志》　　　　　　　　　　　　（清末民初）陈作霖

《东城志略》　　　　　　　　　　　　（清末民初）陈作霖

《金陵物产风土志》　　　　　　　　　（清末民初）陈作霖

《南朝佛志寺》　　　　　　　（清末民初）孙文川，陈作霖

《炳烛里谈》　　　　　　　　　　　　（清末民初）陈作霖

《钟南淮北区域志》	（民国）陈诒绂
《石城山志》	（民国）陈诒绂
《金陵园墅志》	（民国）陈诒绂

43–44. 《秦淮广纪》　　　　　　　　　　　　　　　　（清）缪荃孙

45. 《盋山志》　　　　　　　　　　　　　　　　　　　（清）顾云

46. 《金陵关十年报告》　　　　　　　　（清末民国）金陵关税务司

47. 《金陵杂志·金陵杂志续集》　　　　　　　（清末民初）徐寿卿

48. 《新京备乘》　　　　　　　　　　　（民国）陈迺勋，杜福堃

49. 《金陵岁时记·岁华忆语》　　　（民国）潘宗鼎；（民国）夏仁虎

50. 《秦淮志》　　　　　　　　　　　　　　　　　　（民国）夏仁虎

51. 《雨花石子记》　　　　　　　　　　　　　　　　（民国）王猩酋

52. 《金陵胜迹志》　　　　　　　　　　　　　　　　（民国）胡祥翰

53. 《瞻园志》　　　　　　　　　　　　　　　　　　（民国）胡祥翰

54. 《陷京三月记》　　　　　　　　　　　　　　　　（民国）蒋公穀

55. 《总理陵园小志》　　　　　　　　　　　　　　　（民国）傅焕光

56. 《金陵名胜写生集》　　　　　　　　　　　　　　（民国）周玲荪

57. 《丹凤街》　　　　　　　　　　　　　　　　　　（民国）张恨水

58. 《新都胜迹考》　　　　　　　　　　（民国）周念行，徐芳田

59. 《金陵大报恩寺塔志》　　　　　　　　　　　　　（民国）张惠衣

60. 《万石斋灵岩大理石谱》　　　　　　　　　　　　（民国）张轮远

61. 《明孝陵志》　　　　　　　　　　　　　　　　　（民国）王焕镳

62. 《金陵明故宫图考·南京明故宫制度与建筑考》

　　　　　　　　　　　　　　　（民国）葛定华；（民国）朱偰

63. 《冶城话旧·东山琐缀》　　　　　　　　　　　　　（民国）卢前

64.《首都计划》　　　　　　　　　（民国）国都设计技术专员办事处

65.《总理奉安实录》　　　　　　　（民国）总理奉安专刊编纂委员会

66-67.《总理陵园管理委员会报告》　　（民国）总理陵园管理委员会

68.《新南京》　　　　　　　　　（民国）南京市市政府秘书处

69.《京话》　　　　　　　　　　　　　　（民国）姚颖

70.《南京概况》　　　　　　　　　　　（民国）书报简讯社

71.《渡江和解放南京》　　　　　　　　　　　张宪文等

72.《骆博凯家书》　　　　　　　　　　　　〔德〕骆博凯

73.《外人目睹中之日军暴行》　　　　　　　〔英〕田伯烈

74.《南京》　　　　〔德〕赫达·哈默尔, 阿尔弗雷德·霍夫曼